# الحِصانُ العَرَبِيّ

بِقَلَم: مَحْمود جَعْفَر

Collins

أَنا حِصانٌ نَبيل.

أَنا رَشيقٌ وَسَريعٌ وَجَميل.

رَأْسي صَغيرٌ، وَرَقَبَتي قَوِيَّة.

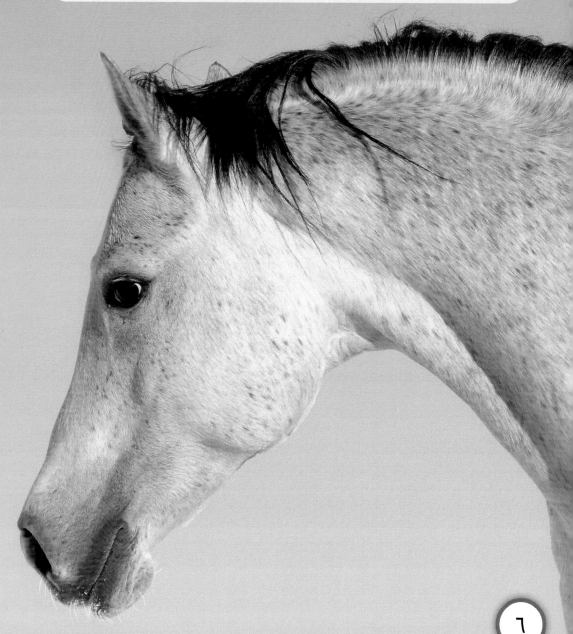

عَيْني واسِعَةٌ، وَنَظْرَتُها ذَكِيَّة.

ذَيْلي مُرْتَفِعٌ، كَثيفٌ، غَزير.

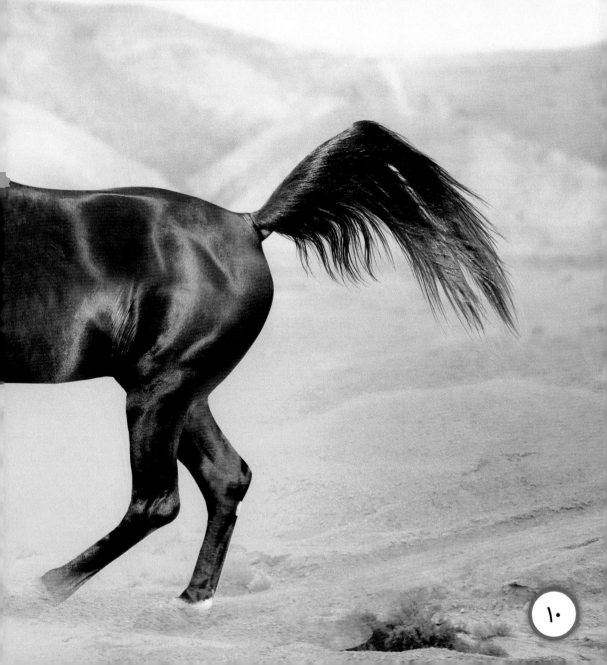

أَنا الحِصانُ العَرَبِيُّ الأَصيل.
أَنا أُحِبُّ الحُرِّيَّة.

# الحِصانُ العَرَبِيّ

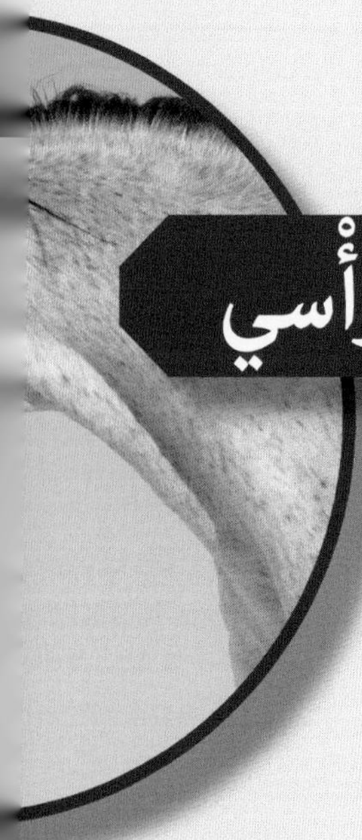

رَشيق

رَأْسي

عَيْني

رَقَبَتي

ذَيْلي

# 🐾 أفكار واقتراحات 🐾

**الأهداف:**

• قراءة جُمَل اسميّة بسيطة ومتمحورة حول موضوع واحد.

• التعرّف على إيقاع النصّ.

• التعرّف على استخدام الصفات البسيطة في صيغة المذكّر وصيغة المؤنّث.

**روابط مع الموادّ التعليميّة ذات الصلة:**

• مبادئ العلوم.

• مبادئ التعرّف على الحيوانات الأليفة.

**مبادئ الرسم والتلوين.**

**مفردات شائعة في العربيّة: حصان، عربيّ، سريع، جميل**

**مفردات جديرة بالانتباه: رشيق، نبيل، كثيف، غزير، الحريّة**

**عدد الكلمات: ٢٦**

**الأدوات: ورق، أقلام رسم وتلوين**

## قبل القراءة:

• ماذا ترون على الغلاف؟ هيّا نقرأ العنوان معًا.

• هل الحصان صديق للإنسان أم عدوّ له؟ كيف عرفتم ذلك؟ هل تعرفون حيوانات أخرى صديقة للإنسان؟

• ما هي استخدامات الحيوانات الأخرى الّتي نرى أنّها صديقة للإنسان؟

• مَن منكم يحبّ الحيوانات؟ ما هو حيوانك المفضّل؟ لماذا؟

## أثناء القراءة:

• أوّلاً، سنقرأ الكتاب معًا ونشير إلى الكلمات.

• انتبهوا إلى صوت كلمة "نبيل" ص ٢ وصوت كلمة "جميل" ص ٤؛ ماذا تلاحظون؟